U0896581

顾问委员会

主　任：韩启德

委　员：刘嘉麒　周忠和　张　藜　于　青　刘海栖
　　　　海　飞　王志庚

编委会

主　任：徐延豪

副主任：郭　哲　张　藜　任福君

委　员：（按姓氏笔画排序）
　　　　叶　青　刘　晓　刘　静　李以莞　李清霞
　　　　杨志宏　杨新军　张九辰　周大亚　孟令耘
　　　　胡晓菁　袁　海　顾晓曼　高文静　曹海霞
　　　　彭　洁

主编

任福君

副主编

杨志宏

致谢

感谢张焕乔院士为本书审稿。

“共和国脊梁”科学家绘本丛书　校园普及版

点亮原子梦

钱三强的故事

任福君　主编
刘阳　绘著

北京出版集团
北京出版社

前言

回首近代的中国，积贫积弱，战火不断，民生凋敝。今天的中国，繁荣昌盛，国泰民安，欣欣向荣。当我们在享受如今的太平盛世时，不应忘记那些曾为祖国奉献了毕生心血的中国科学家。他们对民族复兴的使命担当、对科技创新的执着追求，标刻了民族精神的时代高度，书写了科学精神的永恒意义。他们爱国报国、敬业奉献、无私无畏、追求真理、不怕失败，为祖国科学事业的繁荣昌盛，默默地、无私地奉献着，是当之无愧的共和国脊梁，应被我们铭记。

孩子是祖国的未来，更是新时代的接班人。今天，我们更应为孩子们多树立优秀榜样，中国科学家就是其中之一。向孩子们讲述中国科学家的故事，弘扬其百折不挠、勇于创新的精神，是我们打造"'共和国脊梁'科学家绘本丛书"的初衷，也是对中国科学家的致敬。

丛书依托于"老科学家学术成长资料采集工程"（以下简称"采集工程"）。这项规模宏大的工程启动于2010年，由中国科协联合中组部、教育部、科技部、工信部、财政部、原文化部、中国科学院、中国工程院等11个单位实施，目前已采集了500多位中国科学家的学术成长资料，积累了一大批实物和研究成果，被誉为"共和国科技史的活档案"。"采集工程"在社会上产生了广泛影响，但成果受众多为中学生及成人。

为了丰富"采集工程"成果的展现形式，并为年龄更小的孩子们提供优质的精神食粮，"采集工程"学术团队与北京出版集团共同策划了本套丛书。丛书由多位中国科学院院士、科学家家属、科学史研究者、绘本研究者等组成顾问委员会、编委会和审稿专家团队，共同为图书质量把关。丛书主要由"采集工程"学术团队的学者担任文字作者，并由新锐青年插画师绘图。2017年9月启动"'共和国脊梁'科学家绘本丛书"创作工程，精心打磨，倾注了多方人员的大量心血。

丛书通过绘本这种生动有趣的形式，向孩子们展示中国科学家的风采。根据"采集工程"积累的大量资料，如照片、手稿、音视频、研究报告等，我们在尊重科学史实的基础上，用简单易懂的文字、精美的绘画，讲述中国科学家的探索故事。每一本都有其特色，极具原创性。

丛书出版后，获得科学家家属、科学史研究者、绘本研究者等专业人士的高度认可，得到社会各界的高度好评，并获得多个奖项。

丛书选取了不同领域的多位中国科学家。他们是中国科学家的典型代表，对中国现代科学发展贡献巨大，他们的故事应当广泛流传。

“‘共和国脊梁’科学家绘本丛书”的出版对“采集工程”而言，是一次大胆而有益的尝试。如何用更好的方式讲述中国科学家故事、弘扬科学家精神，是我们一直在思考的问题。希望孩子们能从书中汲取些许养分，也希望家长、老师们能多向孩子们讲述科学家故事，传递科学家精神。

“‘共和国脊梁’科学家绘本丛书”编委会

致读者朋友

亲爱的读者朋友，很高兴你能翻开这套讲述中国科学家故事的绘本丛书。这些科学家为中国科学事业的繁荣昌盛做出了巨大贡献，是我们所有人的榜样，更是我们人生的指路明灯。

讲述科学家的故事并不容易，尤其是涉及专业词汇，这会使故事读起来有一些难度。在阅读过程中，我们有以下3点建议希望能为你提供帮助：

1.为了让阅读过程更顺畅，我们对一些比较难懂的词汇进行了说明，可以按照注释序号翻至“词汇园地”查看。如果有些词汇仍然不好理解，小朋友可以向大朋友请教。

2.在正文后附有科学家小传和年谱，以帮助你更好地认识每一位科学家，了解其个人经历与科学贡献，还可以把它们当作线索，进一步查找更多相关资料。

3.每本书的封底附有两个二维码。一个二维码是绘本的音频故事，扫码即可收听有声故事；另一个二维码是中国科学家博物馆的链接。中国科学家博物馆是专门以科学家为主题的博物馆，收藏着大量中国科学家的相关资料，希望这些丰富的资料能拓宽你的视野，让你感受到中国科学家的风采。

咦，这是什么？

圆点？太阳？

在这个故事里，这是一个原子[①]。

请注意，这是它放大 4000 万倍后的样子！

这个小男孩又是谁呢？

请你记住他的名字——钱三强。

接下来，我们就讲一讲，

钱三强和小小原子之间的故事。

我们就从钱三强的名字讲起吧。
13 岁时，因为壮实得像头小牛犊，
加上在玩伴中排行第三，
同学就给他起了个外号“三强”。
后来，这件事被父亲知道了，
父亲觉得，
“三强”可以解释为德、智、体全面发展，
于是，这个外号就变成了真名。

除了身壮如牛，钱三强还有个“牛脾气”。
19 岁时，为了一个新兴趣，
他毅然放弃北京大学的学业，
重考清华大学物理系。
对大多数人来说，这也许不够明智，
但钱三强认准了就一定要去做。
是什么让他如此着迷呢？

正是那个小小的原子。

原子是什么？
世界万物均由原子组成。
它虽小，构造却很复杂，像个“微型太阳系”，
中间还有个“微型太阳”，叫原子核[2]。
钱三强想了解它更多的奥秘。

凭着那股“牛劲”，

钱三强毕业后来到北平研究院物理学研究所，

一步步走进了原子的世界。

不久，他得到了去法国居里实验室[3]学习的机会。

那里被誉为“科学的皇宫”，是无数人梦想的地方！

可一向雷厉风行的钱三强，这次却犹豫了。

那是 1937 年，抗日战争全面爆发，
父亲还得了重病。
他怎么忍心离开祖国和亲人？
可父亲鼓励他——
“学有所成，报效祖国，造福社会。”

钱三强牢牢记住父亲的话，
迈着沉重的步子，
登上了去往法国的轮船。

法国巴黎，居里实验室。

这里的研究氛围与约里奥－居里夫妇④的气质一样，朴素而严谨。

原子核裂变⑤、链式反应⑥……新知识不断涌现，钱三强如饥似渴地学习着。

起初，钱三强研究的是原子核物理⑦，
但是他的目光并没有局限在这里，
放射化学⑧、探测技术、制作仪器……
能学的东西，他都要学。
同事们不理解他的好学，
可钱三强明白，中国的科学基础薄弱，
每多学一样，将来都会有用处。

钱三强像“斗牛”一样，
充满干劲地挑战着一个个科学难题。
他经常穿梭在不同的实验室，
做科学计算，分析实验数据，
废寝忘食，夜以继日。

他时常回想起临行前，
父亲瘦弱的背影，
母亲闪烁的泪光……
他清楚，自己现在的一切都来之不易。

1940 年，钱三强终于获得博士学位，
他期待着能尽快回国。

但第二次世界大战局势突然恶化了！
钱三强回不了国，甚至连实验室都回不去。
他只能带些简单行李，
跟随逃难的人群，四处奔走，
还要躲避飞机的轰炸。
饥饿难耐时，他不得不去地里拔胡萝卜充饥，
他第一次发现，死亡离自己这么近。
艰难辗转后，钱三强终于重回实验室，
在动荡的岁月中继续进行科学研究。

1945 年，战争终于结束了，
人们的生活开始慢慢恢复。
钱三强也迎来了自己科研的巅峰时期。
他和同样研究核物理的妻子何泽慧[⑨]，
共同发现并解释了原子核三分裂、四分裂[⑩]现象。
发现这个现象需要极大的耐心，
在约 300 个裂变中才有 1 个三分裂，
上万个裂变中才有 1 个四分裂！

它打破了科学界对原子核只能一分为二的认识，
证明小小的原子核竟然还能同时分裂成更多块。
钱三强因此获得令人瞩目的科学地位。
可面对这份荣誉和优越的科研环境，
他又做出了一个令大家意外的决定。

回国！

钱三强深信“科学没有国界，但科学家有自己的祖国”。

他一刻也没有忘记过父亲当年的嘱托，

1948 年，钱三强与何泽慧抱着半岁的女儿，

带着满满的收获，

伴着浪花的歌声，

回家了。

此时，他已离开祖国整整 11 年。

回国后，钱三强成为清华大学的一名老师，
跟学生们分享原子的神奇与威力。
他还告诉更多的人，
“要为科学服务，科学要为人民服务”。

钱三强成为新中国原子核科学事业的“领头牛”，
把和他一样热爱科学、热爱祖国的科学家们聚集起来。
很多科研院所从无到有，发展壮大，
钱三强起到了重要的带头作用。

1955年，国家要大力发展原子能科学，
这正要利用到原子核裂变的原理。
原子核裂变能够释放能量，它威力巨大。

此时，钱三强被委以重任。
那几年，他经常加班和出差，
要很久才能和家人见上一面。

第一台回旋加速器⑪
一批重要仪器设备

钱三强像不知辛苦的“耕牛”，
在中国这片荒凉的原子能科学土地上，
默默地开垦着。
他组织大家从一点一滴做起，
攻克了一个又一个难题。

第一个重水型原子反应堆⑫

1964 年 10 月 16 日，新疆罗布泊，
原子弹[13]静静安放在百米铁塔的顶部。
是时候验证所有努力的结果了，
远在北京的钱三强终于等来了这一天！
他盯着表针，每一格移动，都像一个世纪那么漫长。
倒计时的声音似乎传来：
“5、4、3、2、1……”

起爆！

巨大的火球和蘑菇云在戈壁荒漠上升腾，

中国第一颗原子弹爆炸成功！

伟大的中华民族铸造了国之重器！

钱三强，还有那群和他一样默默奉献的人，

让小小的原子核，变成了闪耀世界的“红太阳”！

作为新中国发展原子核科学的“孺子牛”，
钱三强为组织原子弹和氢弹[14]研制，培养了大量的人才。
他曾说：
“把最好的人，放在最重要、最需要的工作岗位上，
我这一辈子所做的事情中，这件事最有意义。”

钱三强珍藏起那段历史，
直到满头白发的那一天。
他要把科学的种子播撒在教育中，耕种进文化里，
用科学的果实服务人们的生活……

Ch'ien San Chiang,

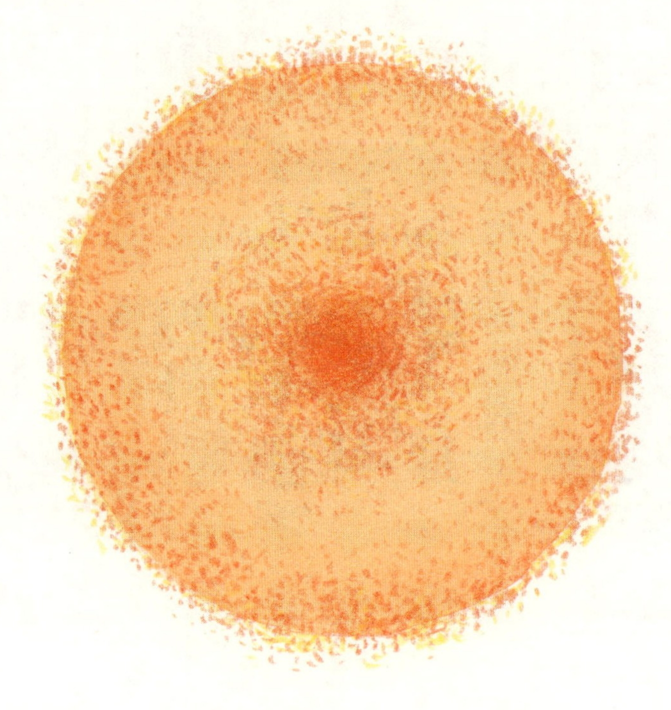

这，就是钱三强和原子之间的故事。

对科学界来说，钱三强是卓越的核物理学家；

对中国来说，他是原子能科学事业的奠基人和开拓者；

对世界来说，他是以“原子能”促进世界和平的成功践行者。

请大家记住他的名字——钱三强！

钱三强小传

1964年10月16日，是一个特别的日子，这一天，中国第一颗原子弹爆炸成功。“东方巨响”带来的不仅是火红的云团，更是中国挺直的脊梁。这一天，一位迎来自己51岁生日的物理学家也轻舒了一口气，因为他魂牵心系的原子梦终于实现。这位物理学家就是中国原子能科学事业的奠基人和开拓者，“两弹一星功勋奖章”获得者钱三强。

1913年，钱三强生于浙江绍兴的一个书香世家。他的父亲是近代著名思想家、语言文字学家钱玄同[15]。钱玄同不仅是“五四新文化运动”的倡导者，更是立场坚定的爱国者。在父亲的言传身教下，钱三强心中早早便播下了“科技报国”的种子。通过不断努力，钱三强成为一名成绩优异的学生。

除了学习成绩优异，钱三强还广泛涉猎音乐、美术、体育领域。他在“山猫”篮球队中体现出来的拼搏精神和集体意识，也得到了同学们的一致好评。

如果再用一个词语形容钱三强，那就是“见书成瘾”。在升入孔德中学[16]前，学校图书馆里凡是能读懂的书，他差不多都读遍了。一次，他偶然读到孙中山先生的著作《建国方略》，书中把未来中国的蓝图描绘得十分美好……可是他合上书一想，由落后到富强，由黑暗到光明，其间有多么大的空白要去填充啊！他想："要使祖国不受屈辱，必须走向富强；要想国家富强，必须建立强大的工业！"由此，钱三强萌发了"科学报国"的思想，学习上也更加勤奋。

在钱三强从北大物理系考入清华大学物理系之际，钱玄同写了"从牛到爱"4个字赠予儿子，一是勉励儿子发扬属牛的那股子脚踏实地、勤勤恳恳的牛劲；二是希望儿子向牛顿、爱因斯坦学习。钱三强将其视为终生的座右铭，这4个字从清华带到北平研究院物理学研究所，又带到了法国巴黎大学居里实验室，伴随他走过了原子核物理科研领域战斗的每一个战场。

在法国学习的11年让钱三强打下了扎实的科研根基，为他和何泽慧一起发现铀核裂变的新方式奠定了基础。关于铀核三分裂机制的解释，已为各国物理学界所接受，它进一步丰富了人们对裂变现象的了解和认知。因为这个发现，钱三强夫妇被媒体誉为"中国的居里夫妇"。

回国后的钱三强倾注全部心血培养新一代学科带头人，在"两弹一星"的攻坚战中，涌现出一大批杰出的核专家。这期间，钱三强将百余名专家学者团结在一起研发原子弹、氢弹，在后来获得"两弹一星功勋奖章"的23人中，有7位是由钱三强直接推荐到核武器研制第一线的。人们不仅称颂钱三强领导的原子能研究所是人才济济的科技大本营，更认为他对极为复杂的各个科技领域和各类型人才使用协调有方。

钱三强还是名副其实的战略科学家。他所规划、完成的事情都是基于国家的需要，并能站在国际前沿的视角上科学统筹。他将科学的不同领域加以集成，形成国家真正需要的成果，而他自己也在讲科学、爱科学、学科学、用科学的过程中，成长为真正的共和国脊梁。

愿现在正在读着钱三强奋斗故事的你，也能以像钱三强一样的科学家们为榜样，做国家的栋梁之材。

钱三强年谱

1

1913 年

出生于浙江绍兴，取名钱秉穹。

2

1919—1929 年
（6 ~ 16 岁）

先后就读于北平高等师范附小、孔德中学。

3

1926 年
（13 岁）

父亲钱玄同接受儿子同学的戏称，改“钱秉穹”为“钱三强”。

4

1929—1931 年
（16 ~ 18 岁）

就读于北京大学预科、北京大学物理系。

5

1932—1936 年
（19 ~ 23 岁）

就读于清华大学物理系，并接受父亲题词“从牛到爱”。

6

1936—1937 年
（23 ~ 24 岁）

入北平研究院物理学研究所任研究助理员。参加公费留法考试，考取巴黎大学居里实验室。

7

1937—1940 年
（24 ~ 27 岁）

师从约里奥－居里夫妇，从事核物理研究工作，获法国国家博士学位。

8

1941—1945 年
（28 ~ 32 岁）

因战争影响和研究需要，辗转多个实验室，完成多项重要发现和论文。

9

1946—1948 年
（33 ~ 35 岁）

合作发现铀核的三分裂、四分裂现象，发表多篇相关论文。任法国国家科学研究中心研究员、研究导师，并获法兰西荣誉军团军官勋章。

10

1948 年
（35 岁）

离开法国，回到中国。任清华大学物理系教授，兼任北平研究院原子学研究所所长。

11

1949 年
（36 岁）

参加中国科学院的筹建工作，任中国科学院研究计划局副局长。

12

1950—1954 年
（37 ~ 41 岁）

先后任近代物理研究所（后改名原子能研究所）副所长、所长，中国科学院研究计划局局长、学术秘书处秘书长，组织推动国家的科学研究及国际合作。

13

1955 年
（42 岁）

在中南海就发展我国原子能工业问题做汇报，并被选聘为中国科学院数学物理化学部学部委员。

14

1956 年
（43 岁）

主持修订《和平利用原子能科学远景规划》，并任第三机械工业部（后改名为二机部）副部长。

15

1960 年
（47 岁）

部署成立轻核理论组，开展氢弹预研。

16

1964 年
（51 岁）

10 月 16 日生日当天，中国第一颗原子弹爆炸成功。

17

1967 年
（54 岁）

中国第一颗氢弹爆炸成功。西方媒体推测钱三强是中国的核弹之父。

18

1975 年
（62 岁）

在中科院主持召开“百家争鸣”座谈会。

19

1978 年
（65 岁）

任中国科学院副院长。

20

1980 年
（67 岁）

在中南海以《科学技术发展简况》为题讲课。

21

1988—1989 年
（75 ~ 76 岁）

主持“科学与文化论坛”。

22

1992 年
（79 岁）

因病在北京逝世。

23

1999 年

被国家追授“两弹一星功勋奖章”。

24

2003 年

国际编号为 25240 号的小行星被命名为“钱三强星”。

词汇园地

① **原子**：组成单质和化合物分子的基本单位，是物质在化学变化中的最小微粒。

② **原子核**：原子的核心部分，由质子和中子组成。原子中所有正电荷和几乎全部原子质量的集中区域。

③ **居里实验室**：1903 年，居里夫妇发现了放射性元素镭，获得了诺贝尔物理学奖。1906 年，居里夫人成为巴黎大学教授，也是法国高等教育史上第一位女教授，为表纪念，居里夫妇的实验室被命名为居里实验室。

④ **约里奥－居里夫妇**：指居里夫人的女婿和女儿，即弗雷德里克·约里奥－居里和伊莱娜·约里奥－居里。1935 年夫妻两人共获诺贝尔化学奖，并于 1948 年领导建立了法国第一个核反应堆。

⑤ **原子核裂变**：一个重原子核分裂成为两个质量为同一量级的碎块，并释放出能量的现象。

⑥ **链式反应**：事件结果包含有事件发生条件的反应称为链式反应。

⑦ **原子核物理**：属于物理学分支。研究原子核的结构和变化规律，获得射线束并将其用于探测、分析的技术，以及研究同核能、核技术应用有关的物理问题。

⑧ **放射化学**：放射化学是研究放射性物质以及与原子核转变过程相关的化学问题的化学分支学科。放射化学与原子核物理对应地关联和交织在一起，成为核科学技术的两个兄弟学科。

⑨ **何泽慧**：1914—2011 年，杰出的核物理学家，被誉为“中国的居里夫人”。

⑩ **三分裂、四分裂**：人们在 1938 年底发现原子核的裂变，在很长一段时间里，人们以为铀原子核总是分裂成两个碎片。1946 年，钱三强夫妇发现原子核还可以分裂成 3 个碎片、4 个碎片，即三分裂与四分裂。

⑪ **回旋加速器**：利用磁场使带电粒子做回旋运动，在运动中经高频电场反复加速的装置。

⑫ **原子反应堆**：能维持和控制核裂变链式反应，从而实现核能—热能转换的装置。

⑬ **原子弹**：利用铀、钚等重原子核裂变反应，释放出巨大能量并起杀伤破坏作用的核武器。

⑭ **氢弹**：氢弹是核武器的一种，属二代原子弹，又称聚变弹、热核弹。

⑮ **钱玄同**：1887—1939 年，原名钱夏，中国近代思想家，是新文化运动的倡导者。

⑯ **孔德中学**：以法国实证主义哲学家“孔德”命名，是民国时期著名的私立学校，由蔡元培等人创办。

参考资料：

1. 葛能全 . 魂牵心系原子梦：钱三强传 . 北京：中国科学技术出版社 . 上海：上海交通大学出版社，2013.

2. 任欣发 . 播春者——核物理学家钱三强 . 北京：科学普及出版社，1989.

图书在版编目（CIP）数据

点亮原子梦 ：钱三强的故事 / 刘阳绘著. — 北京 ：北京出版社，2023.3（2025.4 重印）
（“共和国脊梁”科学家绘本丛书 ：校园普及版 / 任福君主编）
ISBN 978-7-200-16637-8

Ⅰ. ①点… Ⅱ. ①刘… Ⅲ. ①钱三强（1913-1992）—传记—少儿读物 Ⅳ. ①K826.11-49

中国版本图书馆CIP数据核字(2021)第207968号

选题策划 李清霞 袁 海
项目负责 刘 迁
责任编辑 李文珂
装帧设计 张 薇 耿 雯
责任印制 刘文豪
封面设计 黄明科
宣传营销 郑 龙 王 岩 安天训 孙一博
郭 慧 马婷婷 胡 俊

“共和国脊梁”科学家绘本丛书 校园普及版
点亮原子梦
钱三强的故事
DIANLIANG YUANZI MENG

任福君 主编
刘 阳 绘著

出　　版：北京出版集团
　　　　　北 京 出 版 社
地　　址：北京北三环中路6号
邮　　编：100120
网　　址：www.bph.com.cn
总 发 行：北京出版集团
经　　销：新华书店
印　　刷：北京博海升彩色印刷有限公司
版 印 次：2023年3月第1版　2025年4月第5次印刷
成品尺寸：215毫米×280毫米
印　　张：2.75
字　　数：30千字
书　　号：ISBN 978-7-200-16637-8
定　　价：25.00元

如有印装质量问题，由本社负责调换
质量监督电话：010-58572393
责任编辑电话：010-58572417
团 购 热 线：17701385675
　　　　　　 18610320208

声明：为了较为真实地展现科学家生活的时代特征，部分页面有繁体字，特此说明。